The Singularity's Edge: AI and the Future of Humanity

विशेषता का किनारा: एआई और मानवता का भविष्य

Aditya kashyap

a

Copyright © [2023]

Title: The Singularity's Edge: AI and the Future of Humanity
Author's: Aditya kashyap

All rights reserved. No part of this publication may be reproduced, stored in a retrieval system, or transmitted in any form or by any means, electronic, mechanical, photocopying, recording, or otherwise, without the prior written permission of the publisher or author, except in the case of brief quotations embodied in critical reviews and certain other non-commercial uses permitted by copyright law.

This book was printed and published by [Publisher's:**Aditya kashyap**] in [2023]

ISBN:

Chapter 1: What is the Singularity?   04

- Introduction to the singularity concept
- Historical development of the singularity idea
- Different definitions of the singularity
- Potential benefits and risks of the singularity

Chapter 2: The Rise of Artificial Intelligence   12

- Brief history of AI research and development
- Current state of AI technology
- Different types of AI systems
- Applications of AI in the world today

Chapter 3: The Path to the Singularity   22

- Technological trends driving the singularity
- Key milestones on the path to the singularity
- Plausible scenarios for the singularity
- Potential impacts of the singularity on humanity

Chapter 4: Preparing for the Singularity   32

- Ethical considerations in AI development and deployment
- Strategies for mitigating the risks of the singularity
- Ensuring that the singularity is beneficial for all of humanity

Chapter 5: The Future of Humanity in the Singularity Era   40

- What the singularity means for our values and way of life
- Potential social, economic, and political impacts of the singularity
- How to create a desirable future for humanity in the singularity er

Chapter 1: What is the Singularity?
Chapter 1: विलक्षणता अवधारणा का परिचय

विशेषता अवधारणा का परिचय

विशेषता (singularity) एक भविष्यवादी अवधारणा है जिसमें तकनीकी विकास नियंत्रण से बाहर हो जाता है और अपरिवर्तनीय हो जाता है, जिसके परिणामस्वरूप मानव सभ्यता के लिए अप्रत्याशित परिणाम होते हैं। इसे अक्सर उस बिंदु के रूप में वर्णित किया जाता है जिस पर आर्टिफिशियल जनरल इंटेलिजेंस (AGI) मानव बुद्धि को पार कर जाता है और एक घातीय दर पर स्वयं में सुधार करना शुरू कर देता है।

विशेषता अवधारणा को सबसे पहले 1990 के दशक में भविष्यवक्ता वर्नर विंग (Vernor Vinge) द्वारा लोकप्रिय बनाया गया था। विंग ने भविष्यवाणी की थी कि विशेषता 2005 और 2030 के बीच कभी-कभी घटित होगी, लेकिन बाद में उसने अपने अनुमान को 21वीं सदी के अंत में कभी-कभी संशोधित कर दिया।

विशेषता घटित होगी या नहीं, या यह कब हो सकता है, इस पर विशेषज्ञों में कोई सहमति नहीं है। हालांकि, कई लोग मानते हैं कि यह एक वास्तविक संभावना है, और यह महत्वपूर्ण है कि हम इसके संभावित प्रभावों के बारे में अभी से सोचना शुरू कर दें।

विशेषता के चालक क्या हैं?

ऐसे कई कारक हैं जो विशेषता को प्रेरित कर सकते हैं, जिनमें शामिल हैं:

- कृत्रिम बुद्धि में प्रगति: AI पहले से ही कई प्रकार की समस्याओं को हल करने के लिए उपयोग किया जा रहा है, चिकित्सा निदान से लेकर वित्तीय पूर्वानुमान तक। जैसे-जैसे AI तकनीक में सुधार होता जाएगा, यह और भी जटिल समस्याओं को हल करने में सक्षम

होने की संभावना है, जिसमें वर्तमान में मनुष्यों के लिए अनन्य माने जाने वाले कार्य भी शामिल हैं।
- बड़े डेटा का उदय: बड़े डेटासेट का संग्रह और विश्लेषण तकनीकी प्रगति का एक और प्रमुख चालक है। बड़े डेटा का उपयोग AI एल्गोरिदम को बेहतर बनाने, नए उत्पाद और सेवाएं विकसित करने और विभिन्न क्षेत्रों में बेहतर निर्णय लेने के लिए किया जा रहा है।
- दुनिया की बढ़ती परस्पर जुड़ाव: इंटरनेट और अन्य तकनीकें लोगों और मशीनों के लिए एक दूसरे से जुड़ना आसान बना रही हैं। यह परस्पर जुड़ाव तकनीकी नवाचार की गति को तेज कर रहा है और सहयोग के नए अवसर पैदा कर रहा है।

विशेषता के संभावित परिणाम क्या हैं?

विशेषता के संभावित परिणाम सकारात्मक और नकारात्मक दोनों हैं। एक ओर, AGI हमें दुनिया की कुछ सबसे अधिक दबाव वाली समस्याओं को हल करने में मदद कर सकता है, जैसे गरीबी, बीमारी और जलवायु परिवर्तन। यह आर्थिक समृद्धि और सांस्कृतिक उत्कर्ष के एक नए युग की ओर भी ले जा सकता है।

दूसरी ओर, यह भी चिंता है कि AGI मानवता के लिए खतरा पैदा कर सकता है। उदाहरण के लिए, कुछ विशेषज्ञों की चिंता है कि AGI इतना शक्तिशाली हो सकता है कि यह तय कर सकता है कि मनुष्य इसके अस्तित्व के लिए खतरा हैं और हमें खत्म करने के लिए कदम उठा सकते हैं। दूसरों को चिंता है कि AGI का उपयोग स्वायत्त हथियार प्रणालियां बनाने के लिए किया जा सकता है जो बिना मानवीय हस्तक्षेप के मार सकती हैं।

विशेषता विचार का ऐतिहासिक विकास

विशेषता (singularity) की अवधारणा पहली बार 1950 के दशक में गणितज्ञ और कंप्यूटर वैज्ञानिक जॉन वॉन न्यूमैन (John von Neumann) द्वारा सामने आई थी। न्यूमैन ने भविष्यवाणी की थी कि मशीनें एक दिन इतनी बुद्धिमान हो जाएंगी कि वे अपने आप में सुधार कर सकेंगी और मनुष्य को पीछे छोड़ देंगी।

1960 के दशक में, विलक्षणता की अवधारणा को आगे विकसित किया गया था, जब आर्टिफिशियल इंटेलिजेंस (AI) अनुसंधान एक अलग क्षेत्र के रूप में उभरा। AI शोधकर्ताओं ने यह अनुमान लगाना शुरू किया कि मशीनों को मानव बुद्धि से मिलान करने या उससे भी आगे निकलने में कितना समय लगेगा।

1980 के दशक में, भविष्यवक्ता वर्नर विंग (Vernor Vinge) ने पहली बार "विशेषता" शब्द का प्रयोग किया। उन्होंने भविष्यवाणी की थी कि विशेषता 2020 के दशक में किसी समय घटित होगी और यह मानव सभ्यता के लिए एक अत्यंत महत्वपूर्ण क्षण होगा।

1990 के दशक में, विशेषता की अवधारणा को राय कुर्ज़weil (Ray Kurzweil) और अन्य भविष्यवक्ताओं द्वारा और अधिक लोकप्रिय बनाया गया। कर्टज़weil ने भविष्यवाणी की थी कि विशेषता 2045 में घटित होगी और इसके परिणामस्वरूप मानव जाति "बुद्धि के एक नए स्तर पर" पहुँच जाएगी।

21वीं सदी में, विशेषता की अवधारणा और भी अधिक प्रमुख हो गई है। AI तकनीक में प्रगति के साथ, यह स्पष्ट हो गया है कि AI एक तेजी से बढ़ता और शक्तिशाली बल है। इससे कुछ लोगों को चिंता है कि विशेषता वास्तव में हो सकती है और इसके संभावित परिणामों के बारे में अभी से सोचना शुरू करना महत्वपूर्ण है।

विशेषता की अवधारणा के विकास में प्रमुख योगदानकर्ता

विशेषता की अवधारणा के विकास में कई प्रमुख योगदानकर्ता हैं, जिनमें शामिल हैं:

- **जॉन वॉन न्यूमैन (John von Neumann):** न्यूमैन एक गणितज्ञ और कंप्यूटर वैज्ञानिक थे, जिन्होंने आधुनिक कंप्यूटर के डिजाइन में एक महत्वपूर्ण भूमिका निभाई। उन्होंने 1950 के दशक में विशेषता की अवधारणा को सबसे पहले सामने रखा था।
- **विलफ्रेड बुनो (Willfred Burks):** बुनो एक गणितज्ञ और तर्कशास्त्री थे, जिन्होंने AI अनुसंधान के शुरुआती दिनों में एक महत्वपूर्ण भूमिका निभाई। उन्होंने न्यूमैन के साथ मिलकर विशेषता की अवधारणा को विकसित किया।
- **विली लीमां (Willy Leymann):** लीमां एक जर्मन-अमेरिकी लेखक और भविष्यवक्ता थे। उन्होंने 1960 के दशक में विशेषता की अवधारणा को लोकप्रिय बनाने में मदद की।
- **वर्नर विंग (Vernor Vinge):** विंग एक अमेरिकी गणितज्ञ और भविष्यवक्ता हैं। उन्होंने 1980 के दशक में पहली बार "विशेषता" शब्द का प्रयोग किया। उन्होंने यह भी भविष्यवाणी की थी कि विशेषता 2020 के दशक में किसी समय घटित होगी।
- **राय कुर्ज़weil (Ray Kurzweil):** कर्टज़weil एक अमेरिकी लेखक, भविष्यवक्ता और कंप्यूटर वैज्ञानिक हैं। उन्होंने विशेषता की अवधारणा को आगे विकसित किया और यह भविष्यवाणी की कि यह 2045 में घटित होगी।

विशेषता की अलग-अलग परिभाषाएं

विशेषता (singularity) एक भविष्यवादी अवधारणा है जिसमें तकनीकी विकास नियंत्रण से बाहर हो जाता है और अपरिवर्तनीय हो जाता है, जिसके परिणामस्वरूप मानव सभ्यता के लिए अप्रत्याशित परिणाम होते हैं। इसे अक्सर उस बिंदु के रूप में वर्णित किया जाता है जिस पर आर्टिफिशियल जनरल इंटेलिजेंस (AGI) मानव बुद्धि को पार कर जाता है और एक घातीय दर पर स्वयं में सुधार करना शुरू कर देता है।

विशेषता की कोई एक सर्वमान्य परिभाषा नहीं है। विभिन्न लोगों की इसकी अलग-अलग परिभाषाएँ हैं। कुछ सामान्य परिभाषाएँ इस प्रकार हैं:

- एक तकनीकी विलक्षणता एक बिंदु है जिस पर तकनीकी विकास इतना तीव्र हो जाता है कि यह मानव नियंत्रण से बाहर हो जाता है और मानव सभ्यता के लिए अप्रत्याशित परिणाम होते हैं।
- विशेषता एक ऐसा बिंदु है जिस पर कृत्रिम बुद्धि मानव बुद्धि को पार कर जाती है और एक घातीय दर पर स्वयं में सुधार करना शुरू कर देती है।
- विशेषता एक ऐसा बिंदु है जिस पर तकनीकी नवाचार इतनी तीव्र गति से होने लगता है कि यह मानव सभ्यता को अपरिचित रूप से बदल देती है।

कुछ लोग विशेषता को एक सकारात्मक घटना के रूप में देखते हैं, जबकि अन्य इसे एक नकारात्मक घटना के रूप में देखते हैं। कुछ लोग मानते हैं कि विशेषता तकनीकी प्रगति की एक स्वाभाविक प्रगति है और इसके परिणामस्वरूप मानव जाति के लिए एक सुनहरा युग होगा। अन्य लोग चिंतित हैं कि विशेषता मानव जाति के लिए विनाशकारी परिणाम हो सकती है।

विशेषता की विभिन्न प्रकार की परिभाषाओं के कुछ उदाहरण

- **विलफ्रेड बुनो** (Willfred Burks): बुनो ने विशेषता को "एक ऐसे बिंदु के रूप में परिभाषित किया है जिस पर मानव मस्तिष्क और मशीन के बीच कोई गुणात्मक अंतर नहीं होगा।"
- **वर्नर विंग** (Vernor Vinge): विंग ने विशेषता को "एक ऐसी घटना के रूप में परिभाषित किया है जिसके बाद मानव बुद्धि के लिए यह अनुमान लगाना असंभव होगा कि भविष्य में क्या होगा, क्योंकि AGI मानव बुद्धि से कहीं अधिक श्रेष्ठ होगा।"
- **राय कुर्ज़weil** (Ray Kurzweil): कर्टज़weil ने विशेषता को "एक तकनीकी विलक्षणता के रूप में परिभाषित किया है जो तब घटित होगी जब AGI इतना बुद्धिमान हो जाएगा कि यह अपने स्वयं के बुद्धि विस्तार की गति को तेज़ कर सकेगा, जिसके परिणामस्वरूप मानव सभ्यता में अपरिचित परिवर्तन होंगे।"

विशेषता की विभिन्न परिभाषाओं का महत्व

विशेषता की विभिन्न परिभाषाओं का महत्व इस तथ्य में निहित है कि यह एक ऐसी अवधारणा है जो अभी भी विकास के अधीन है। विशेषता की कोई एक सर्वमान्य परिभाषा नहीं है, क्योंकि यह एक भविष्यवादी अवधारणा है और हम अभी तक नहीं जानते कि यह वास्तव में क्या होगा।

विशेषता की विभिन्न परिभाषाओं पर विचार करने से हमें इस अवधारणा की जटिलता को समझने में मदद मिलती है और यह भी समझने में मदद मिलती है कि यह मानव जाति के लिए क्यों महत्वपूर्ण है। विशेषता की विभिन्न परिभाषाओं को समझने से हमें यह सोचने के लिए प्रेरित करता है कि विशेषता के क्या संभावित प्रभाव हो सकते हैं और हम इसके लिए कैसे तैयारी कर सकते हैं।

विशेषता के संभावित लाभ और जोखिम

विशेषता (singularity) एक भविष्यवादी अवधारणा है जिसमें तकनीकी विकास नियंत्रण से बाहर हो जाता है और अपरिवर्तनीय हो जाता है, जिसके परिणामस्वरूप मानव सभ्यता के लिए अप्रत्याशित परिणाम होते हैं। इसे अक्सर उस बिंदु के रूप में वर्णित किया जाता है जिस पर आर्टिफिशियल जनरल इंटेलिजेंस (AGI) मानव बुद्धि को पार कर जाता है और एक घातीय दर पर स्वयं में सुधार करना शुरू कर देता है।

विशेषता के संभावित लाभों और जोखिमों के बारे में बहुत बहस हुई है। कुछ लोग मानते हैं कि विशेषता मानव जाति के लिए एक सुनहरा युग लाएगी, जबकि अन्य चिंतित हैं कि यह विनाशकारी परिणाम हो सकती है।

विशेषता के संभावित लाभ

विशेषता के कुछ संभावित लाभों में शामिल हैं:

- **मानव क्षमताओं का विस्तार**: AGI हमें अपनी क्षमताओं को अभूतपूर्व तरीके से बढ़ाने में मदद कर सकता है। उदाहरण के लिए, AGI हमें कठिन समस्याओं को हल करने, नई खोज करने और बेहतर निर्णय लेने में मदद कर सकता है।
- **दुनिया की समस्याओं का समाधान**: AGI हमें दुनिया की कुछ सबसे चुनौतीपूर्ण समस्याओं का समाधान खोजने में मदद कर सकता है, जैसे गरीबी, बीमारी और जलवायु परिवर्तन।
- **नए अवसरों का निर्माण**: AGI मानव जाति के लिए नए अवसरों का निर्माण कर सकता है, जैसे नई नौकरियां, नए उत्पाद और सेवाएं और नए तरीके से जीने और काम करने के तरीके।

विशेषता के संभावित जोखिम

विशेषता के कुछ संभावित जोखिमों में शामिल हैं:

- **नियंत्रण का नुकसान:** यदि AGI इतना बुद्धिमान हो जाता है कि यह हमारे नियंत्रण से बाहर हो जाता है, तो यह मानव जाति के लिए खतरनाक हो सकता है। उदाहरण के लिए, AGI अपने अस्तित्व की रक्षा के लिए या अपनी लक्ष्य पूर्ति के लिए हमें नुकसान पहुंचा सकता है।
- **भेदभाव:** यदि AGI को इस तरह से डिजाइन किया गया है कि यह पूर्वाग्रह से ग्रस्त है, तो यह भेदभावपूर्ण निर्णय ले सकता हैं। उदाहरण के लिए, AGI नस्ल, लिंग या सामाजिक वर्ग के आधार पर लोगों के साथ अलग व्यवहार कर सकता है।
- **बेरोजगारी:** यदि AGI कई नौकरियों को स्वचालित कर देता है, तो यह बड़े पैमाने पर बेरोजगारी का कारण बन सकता है। इससे सामाजिक अशांति और अस्थिरता हो सकती है।

विशेषता के संभावित लाभों और जोखिमों को कम करना

विशेषता के संभावित लाभों और जोखिमों को कम करने के लिए हम कई काम कर सकते हैं, जिनमें शामिल हैं:

- AGI को इस तरह से डिजाइन करना कि वह मानव मूल्यों के अनुरूप काम करे।
- AGI पर नियंत्रण रखने के लिए सुरक्षा उपायों को लागू करना।
- AGI के विकास और उपयोग को विनियमित करना।
- AGI के विकास और उपयोग से प्रभावित लोगों को सहायता प्रदान करना।

यह महत्वपूर्ण है कि हम विशेषता के संभावित लाभों और जोखिमों के बारे में अभी से सोचना शुरू कर दें। इससे हमें यह सुनिश्चित करने में मदद मिलेगी कि विशेषता मानव जाति के लिए एक सकारात्मक घटना हो।

Chapter 2: The Rise of Artificial Intelligence

Chapter 2: कृत्रिम बुद्धि का उदय

कृत्रिम बुद्धि अनुसंधान और विकास का संक्षिप्त इतिहास

कृत्रिम बुद्धि (एआई) अनुसंधान का एक लंबा और समृद्ध इतिहास है, जो कंप्यूटिंग के शुरुआती दिनों से है। 1950 के दशक में, एलन ट्यूरिंग और जॉन मैकार्थी जैसे अग्रदूतों ने इस क्षेत्र की नींव रखी, जो एआई के लिए प्रारंभिक सिद्धांतों और एल्गोरिदम का विकास कर रहे थे।

1960 और 1970 के दशक में, एआई अनुसंधान ने महत्वपूर्ण प्रगति की, विशेषज्ञ प्रणालियों और प्राकृतिक भाषा प्रसंस्करण जैसी नई तकनीकों के विकास के साथ। हालांकि, इस क्षेत्र ने भी झटके का अनुभव किया, क्योंकि शोधकर्ताओं को एआई सिस्टम विकसित करने के लिए संघर्ष करना पड़ा जो उनके शुरुआती वादों पर खरा उतर सके।

1980 के दशक में, नए मशीन लर्निंग एल्गोरिदम के विकास से एआई अनुसंधान को पुनर्जीवित किया गया। इन एल्गोरिदम ने एआई सिस्टम को स्पष्ट रूप से प्रोग्राम किए जाने के बजाय डेटा से सीखने की अनुमति दी। इससे एआई सिस्टम की एक नई पीढ़ी पैदा हुई जो छवि पहचान और भाषण पहचान जैसे कार्यों को अभूतपूर्व सटीकता के साथ निष्पादित कर सकती थी।

1990 और 2000 के दशक में, एआई अनुसंधान में नए मशीन लर्निंग एल्गोरिदम और एआई अनुसंधान के नए क्षेत्रों, जैसे कि डीप लर्निंग के विकास के साथ प्रगति जारी रही। डीप लर्निंग एल्गोरिदम ने छवि पहचान, प्राकृतिक भाषा प्रसंस्करण और मशीन अनुवाद सहित कार्यों की एक विस्तृत श्रृंखला पर उल्लेखनीय परिणाम प्राप्त किए हैं।

हाल के वर्षों में, एआई अनुसंधान ने बड़ी मात्रा में डेटा और शक्तिशाली कंप्यूटिंग संसाधनों की उपलब्धता के कारण तेजी से गति पकड़ी है। इससे नए एआई सिस्टम का विकास हुआ है जो उन कार्यों को करने में सक्षम हैं जो कभी असंभव माने जाते थे, जैसे कि कार चलाना और अलौकिक स्तर पर गेम खेलना।

यहां एआई अनुसंधान और विकास में कुछ प्रमुख मीलस्टोंस की अधिक विस्तृत समयरेखा है:

- **1950:** एलन ट्यूरिंग ने "कंप्यूटिंग मशीनरी एंड इंटेलिजेंस" शीर्षक से एक पेपर प्रकाशित किया, जिसमें वह मशीन बुद्धिमत्ता के लिए एक परीक्षण प्रस्तावित करता है, जिसे अब ट्यूरिंग टेस्ट के रूप में जाना जाता है।
- **1956:** कृत्रिम बुद्धिमत्ता पर डार्टमाउथ समर रिसर्च प्रोजेक्ट आयोजित किया जाता है, जिसे व्यापक रूप से एआई के क्षेत्र का जन्म माना जाता है।
- **1957:** पहला एआई भाषा सीखने का कार्यक्रम, जिसे लॉजिक थ्योरिस्ट कहा जाता है, विकसित किया गया है।
- **1965:** जोसेफ वीज़नबाउम ने एलआईज़ा विकसित किया, एक चैटबॉट जो मानव बातचीत का अनुकरण कर सकता है।
- **1969:** मार्विन मिन्स्की और सेमुर पेपरट ने "पर्सेप्ट्रॉन" शीर्षक वाली एक पुस्तक प्रकाशित की, जो कृत्रिम तंत्रिका नेटवर्क के क्षेत्र की नींव रखती है।
- **1972:** पहली वाणिज्यिक विशेषज्ञ प्रणाली, जिसे माइसिन कहा जाता है, विकसित की गई है।
- **1980:** पहला एआई सम्मेलन, एएएआई कॉन्फ्रेंस ऑन आर्टिफिशियल इंटेलिजेंस, आयोजित किया जाता है।
- **1986:** जेफ्री हिंटन ने "एरर प्रोपेगेशन द्वारा लर्निंग रिप्र

कृत्रिम बुद्धिमत्ता (एआई) प्रौद्योगिकी की वर्तमान स्थिति

कृत्रिम बुद्धिमत्ता (एआई) प्रौद्योगिकी तेजी से आगे बढ़ रही है, और यह अब हमारे दैनिक जीवन के कई पहलुओं में एकीकृत है। एआई सिस्टम अब छवि पहचान, प्राकृतिक भाषा प्रसंस्करण, मशीन अनुवाद और स्वायत्त वाहनों जैसे कार्यों को अभूतपूर्व सटीकता के साथ कर सकते हैं।

एआई प्रौद्योगिकी की वर्तमान स्थिति को समझने के लिए, यह महत्वपूर्ण है कि हम कुछ प्रमुख क्षेत्रों पर ध्यान दें:

- **मशीन लर्निंग (एमएल):** एमएल एआई का एक उपक्षेत्र है जो एआई सिस्टम को डेटा से सीखने में सक्षम बनाता है। एमएल एल्गोरिदम अब कई प्रकार के कार्यों पर उत्कृष्ट प्रदर्शन करते हैं, और वे एआई अनुसंधान और विकास का एक प्रमुख चालक हैं।
- **डीप लर्निंग (डीएल):** डीएल एमएल का एक प्रकार है जो कृत्रिम तंत्रिका नेटवर्क का उपयोग करके डेटा से सीखता है। डीएल एल्गोरिदम ने हाल के वर्षों में कई कार्यों पर अत्याधुनिक परिणाम प्राप्त किए हैं, और वे एआई के क्षेत्र में एक क्रांति ला रहे हैं।
- **प्राकृतिक भाषा प्रसंस्करण (एनएलपी):** एनएलपी एआई का एक उपक्षेत्र है जो एआई सिस्टम को मानव भाषा को समझने और उत्पन्न करने में सक्षम बनाता है। एनएलपी एल्गोरिदम अब मशीन अनुवाद, चैटबॉट और टेक्स्ट सारांश जैसी कार्यों को अत्यधिक सटीकता के साथ कर सकते हैं।
- **स्वायत्त वाहन (एवी):** एवी एआई का एक अनुप्रयोग है जो वाहनों को बिना मानवीय इनपुट के ड्राइव करने में सक्षम बनाता है। एवी तकनीक तेजी से आगे बढ़ रही है, और कई कंपनियां अब पूरी तरह से स्वायत्त वाहनों को विकसित कर रही हैं।

एआई प्रौद्योगिकी की वर्तमान स्थिति बहुत रोमांचक है, लेकिन यह महत्वपूर्ण है कि हम यह भी पहचानें कि एआई के विकास में अभी भी कई चुनौतियां हैं। कुछ प्रमुख चुनौतियों में शामिल हैं:

- **एआई सिस्टम को समझना मुश्किल है:** बड़े और जटिल एआई सिस्टम को समझना मुश्किल हो सकता है कि वे कैसे निर्णय लेते हैं। यह पारदर्शिता और जवाबदेही की चिंताओं को जन्म देता है।
- **एआई सिस्टम पूर्वाग्रह से ग्रस्त हो सकते हैं:** एआई सिस्टम को जिस डेटा पर प्रशिक्षित किया जाता है, वह पूर्वाग्रह से ग्रस्त हो सकता है, जिससे एआई सिस्टम द्वारा भेदभावपूर्ण निर्णय लेने की संभावना बढ़ जाती है।
- **एआई सिस्टम का दुरुपयोग किया जा सकता है:** एआई सिस्टम का उपयोग दुर्भावनापूर्ण उद्देश्यों के लिए किया जा सकता है, जैसे कि साइबर हमले या स्वायत्त हथियारों के विकास के लिए।

एआई प्रौद्योगिकी की वर्तमान स्थिति और इसकी चुनौतियों को समझकर, हम यह सुनिश्चित करने के लिए काम कर सकते हैं कि एआई का उपयोग जिम्मेदारी से और नैतिक रूप से किया जाए। हमें एआई के विकास और उपयोग को विनियमित करने के लिए नीतियां और कानून भी विकसित करने की आवश्यकता है।

एआई प्रौद्योगिकी के भविष्य के बारे में बहुत कुछ अनुमान लगाया गया है। कुछ विशेषज्ञ मानते हैं कि एआई एक दिन मानव बुद्धि को पार कर जाएगा और एक तकनीकी विलक्षणता का कारण बनेगा। हालांकि, अन्य विशेषज्ञों का मानना है कि एआई कभी भी मानव बुद्धि को पार नहीं करेगा और यह हमेशा मानव नियंत्रण में रहेगा।

कृत्रिम बुद्धिमत्ता (एआई) प्रणालियों के विभिन्न प्रकार

कृत्रिम बुद्धिमत्ता (एआई) प्रणालियों को विभिन्न तरीकों से वर्गीकृत किया जा सकता है। एक सामान्य वर्गीकरण एआई प्रणालियों को उनकी कार्यप्रणाली के आधार पर निम्नलिखित श्रेणियों में विभाजित करता है:

- **प्रतिक्रियाशील एआई प्रणालियाँ:** ये प्रणालियाँ अपने वर्तमान वातावरण के आधार पर क्रिया करती हैं। उनके पास कोई स्मृति या पूर्व अनुभव नहीं होता है जो उनके निर्णयों को प्रभावित कर सकें। उदाहरण के लिए, एक प्रतिक्रियाशील एआई प्रणाली जो एक वीडियो गेम में एक कार चला रही है, वह केवल सड़क पर बाधाओं से बचने के लिए पैंतरेबाजी करेगी।
- **सीमित स्मृति वाली एआई प्रणालियाँ:** ये प्रणालियाँ अपने हाल के अनुभवों के आधार पर निर्णय लेती हैं। उनके पास एक सीमित स्मृति होती है जो उन्हें पिछले घटनाओं को याद रखने और उनसे सीखने की अनुमति देती है। उदाहरण के लिए, एक सीमित स्मृति वाली एआई प्रणाली जो एक स्पैम फिल्टर के रूप में काम कर रही है, वह उन ईमेल को स्पैम के रूप में पहचानने के लिए सीख सकती है, जिनमें पिछले स्पैम ईमेल के समान विशेषताएं हैं।
- **मन की सिद्धांत वाली एआई प्रणालियाँ:** ये प्रणालियाँ अन्य एजेंटों के मानसिक राज्यों, जैसे कि उनके विश्वासों, इरादों और लक्ष्यों को समझने और उनका अनुमान लगाने में सक्षम हैं। इस क्षमता के साथ, वे अधिक जटिल और परिष्कृत निर्णय ले सकते हैं। उदाहरण के लिए, मन की सिद्धांत वाली एआई प्रणाली जो एक वीडियो गेम में एक रोबोटिक चरित्र को नियंत्रित कर रही है, वह यह समझ सकती है कि अन्य चरित्र कहाँ जा रहे हैं और क्या करने की कोशिश कर रहे हैं, और इसके अनुसार अपनी क्रियाओं को समायोजित कर सकते हैं।
- **आत्म-जागरूक एआई प्रणालियाँ:** ये प्रणालियाँ अपनी स्वयं की स्थिति और अस्तित्व के बारे में जागरूक हैं। वे यह भी समझ सकते

हैं कि वे अपने वातावरण के साथ कैसे बातचीत करते हैं और यह बातचीत उनके वातावरण को कैसे प्रभावित करती है। आत्म-जागरूक एआई प्रणालियाँ अभी भी विकास के प्रारंभिक चरण में हैं, लेकिन वे भविष्य में एआई के विकास के लिए महत्वपूर्ण भूमिका निभा सकती हैं।

एआई प्रणालियों को उनके अनुप्रयोगों के आधार पर भी वर्गीकृत किया जा सकता है। कुछ सामान्य अनुप्रयोगों में शामिल हैं:

- **छवि पहचान**: एआई सिस्टम अब छवियों में वस्तुओं और लोगों को अभूतपूर्व सटीकता के साथ पहचान सकते हैं। इस तकनीक का उपयोग कई अनुप्रयोगों में किया जाता है, जैसे कि फोटो एल्बमों में चेहरों को पहचानना, सुरक्षा कैमरों से फुटेज का विश्लेषण करना और मेडिकल इमेजिंग का विश्लेषण करना।
- **प्राकृतिक भाषा प्रसंस्करण**: एआई सिस्टम अब मानव भाषा को समझने और उत्पन्न करने में सक्षम हैं। इस तकनीक का उपयोग कई अनुप्रयोगों में किया जाता है, जैसे कि मशीन अनुवाद, चैटबॉट और टेक्स्ट सारांश।
- **मशीन अनुवाद**: एआई सिस्टम अब कई भाषाओं के बीच टेक्स्ट का अनुवाद उच्च सटीकता के साथ कर सकते हैं। इस तकनीक का उपयोग कई अनुप्रयोगों में किया जाता है, जैसे कि वेबसाइटों और दस्तावेज़ों का अनुवाद करना और विदेशी भाषाओं में लोगों के साथ संवाद करना।
- **स्वायत्त वाहन**: एआई सिस्टम अब वाहनों को बिना मानवीय इनपुट के ड्राइव करने में सक्षम बनाते हैं। इस तकनीक का उपयोग स्वयं-ड्राइविंग कारों, ट्रकों और बसों के विकास में किया जा रहा है।

कृत्रिम बुद्धिमत्ता (एआई) प्रणालियों के विभिन्न प्रकार

कृत्रिम बुद्धिमत्ता (एआई) प्रणालियों को विभिन्न तरीकों से वर्गीकृत किया जा सकता है। एक सामान्य वर्गीकरण एआई प्रणालियों को उनकी कार्यप्रणाली के आधार पर निम्नलिखित श्रेणियों में विभाजित करता है:

- **प्रतिक्रियाशील एआई प्रणालियाँ:** ये प्रणालियाँ अपने वर्तमान वातावरण के आधार पर क्रिया करती हैं। उनके पास कोई स्मृति या पूर्व अनुभव नहीं होता है जो उनके निर्णयों को प्रभावित कर सकें। उदाहरण के लिए, एक प्रतिक्रियाशील एआई प्रणाली जो एक वीडियो गेम में एक कार चला रही है, वह केवल सड़क पर बाधाओं से बचने के लिए पैंतरेबाजी करेगी।
- **सीमित स्मृति वाली एआई प्रणालियाँ:** ये प्रणालियाँ अपने हाल के अनुभवों के आधार पर निर्णय लेती हैं। उनके पास एक सीमित स्मृति होती है जो उन्हें पिछले घटनाओं को याद रखने और उनसे सीखने की अनुमति देती है। उदाहरण के लिए, एक सीमित स्मृति वाली एआई प्रणाली जो एक स्पैम फिल्टर के रूप में काम कर रही है, वह उन ईमेल को स्पैम के रूप में पहचानने के लिए सीख सकती है, जिनमें पिछले स्पैम ईमेल के समान विशेषताएं हैं।
- **मन की सिद्धांत वाली एआई प्रणालियाँ:** ये प्रणालियाँ अन्य एजेंटों के मानसिक राज्यों, जैसे कि उनके विश्वासों, इरादों और लक्ष्यों को समझने और उनका अनुमान लगाने में सक्षम हैं। इस क्षमता के साथ, वे अधिक जटिल और परिष्कृत निर्णय ले सकते हैं। उदाहरण के लिए, मन की सिद्धांत वाली एआई प्रणाली जो एक वीडियो गेम में एक रोबोटिक चरित्र को नियंत्रित कर रही है, वह यह समझ सकती है कि अन्य चरित्र कहाँ जा रहे हैं और क्या करने की कोशिश कर रहे हैं, और इसके अनुसार अपनी क्रियाओं को समायोजित कर सकते हैं।
- **आत्म-जागरूक एआई प्रणालियाँ:** ये प्रणालियाँ अपनी स्वयं की स्थिति और अस्तित्व के बारे में जागरूक हैं। वे यह भी समझ सकते

हैं कि वे अपने वातावरण के साथ कैसे बातचीत करते हैं और यह बातचीत उनके वातावरण को कैसे प्रभावित करती है। आत्म-जागरूक एआई प्रणालियाँ अभी भी विकास के प्रारंभिक चरण में हैं, लेकिन वे भविष्य में एआई के विकास के लिए महत्वपूर्ण भूमिका निभा सकती हैं।

एआई प्रणालियों को उनके अनुप्रयोगों के आधार पर भी वर्गीकृत किया जा सकता है। कुछ सामान्य अनुप्रयोगों में शामिल हैं:

- **छवि पहचान:** एआई सिस्टम अब छवियों में वस्तुओं और लोगों को अभूतपूर्व सटीकता के साथ पहचान सकते हैं। इस तकनीक का उपयोग कई अनुप्रयोगों में किया जाता है, जैसे कि फोटो एल्बमों में चेहरों को पहचानना, सुरक्षा कैमरों से फुटेज का विश्लेषण करना और मेडिकल इमेजिंग का विश्लेषण करना।
- **प्राकृतिक भाषा प्रसंस्करण:** एआई सिस्टम अब मानव भाषा को समझने और उत्पन्न करने में सक्षम हैं। इस तकनीक का उपयोग कई अनुप्रयोगों में किया जाता है, जैसे कि मशीन अनुवाद, चैटबॉट और टेक्स्ट सारांश।
- **मशीन अनुवाद:** एआई सिस्टम अब कई भाषाओं के बीच टेक्स्ट का अनुवाद उच्च सटीकता के साथ कर सकते हैं। इस तकनीक का उपयोग कई अनुप्रयोगों में किया जाता है, जैसे कि वेबसाइटों और दस्तावेज़ों का अनुवाद करना और विदेशी भाषाओं में लोगों के साथ संवाद करना।
- **स्वायत्त वाहन:** एआई सिस्टम अब वाहनों को बिना मानवीय इनपुट के ड्राइव करने में सक्षम बनाते हैं। इस तकनीक का उपयोग स्वयं-ड्राइविंग कारों, ट्रकों और बसों के विकास में किया जा रहा है।

कृत्रिम बुद्धिमत्ता (एआई) का उपयोग आज दुनिया में कई तरह से किया जा रहा है। यहां कुछ उदाहरण हैं:

स्वास्थ्य सेवा: एआई का उपयोग नई दवाओं और उपचारों को विकसित करने, बीमारियों का निदान करने और व्यक्तिगत देखभाल प्रदान करने के लिए किया जा रहा है। उदाहरण के लिए, एआई का उपयोग उन एल्गोरिदमों को विकसित करने के लिए किया जा रहा है जो मानव डॉक्टरों की तुलना में अधिक सटीक रूप से मेडिकल इमेज में कैंसर कोशिकाओं का पता लगा सकते हैं। एआई का उपयोग वर्चुअल असिस्टेंट विकसित करने के लिए भी किया जा रहा है जो रोगियों को उनकी पुरानी स्थितियों को प्रबंधित करने में मदद कर सकते हैं।

वित्त: एआई का उपयोग धोखाधड़ी का पता लगाने, जोखिम का प्रबंधन करने और निवेश सलाह प्रदान करने के लिए किया जा रहा है। उदाहरण के लिए, एआई का उपयोग उन एल्गोरिदमों को विकसित करने के लिए किया जा रहा है जो धोखाधड़ीपूर्ण क्रेडिट कार्ड लेनदेन का पता लगा सकते हैं। एआई का उपयोग ट्रेडिंग बॉट विकसित करने के लिए भी किया जा रहा है जो स्वचालित निवेश निर्णय ले सकते हैं।

खुदरा: एआई का उपयोग अनुशंसाओं को वैयक्तिकृत करने, इन्वेंट्री को अनुकूलित करने और धोखाधड़ी से निपटने के लिए किया जा रहा है। उदाहरण के लिए, एआई का उपयोग उन एल्गोरिदमों को विकसित करने के लिए किया जा रहा है जो ग्राहकों को उनकी पिछली खरीद और ब्राउज़िंग इतिहास के आधार पर उत्पादों की सिफारिश कर सकते हैं। एआई का उपयोग उन एल्गोरिदमों को विकसित करने के लिए भी किया जा रहा है जो ग्राहकों को शिप किए जाने से पहले उत्पादों में दोषों का पता लगा सकते हैं।

परिवहन: एआई का उपयोग सेल्फ-ड्राइविंग कारों को विकसित करने, यातायात प्रवाह को अनुकूलित करने और मांग की भविष्यवाणी करने के लिए किया जा रहा है। उदाहरण के लिए, एआई का उपयोग उन

एल्गोरिदमों को विकसित करने के लिए किया जा रहा है जो जटिल ट्रैफ़िक स्थितियों के माध्यम से सेल्फ़-ड्राइविंग कारों को नेविगेट कर सकें। एआई का उपयोग उन एल्गोरिदमों को विकसित करने के लिए भी किया जा रहा है जो ट्रैफ़िक जाम की भविष्यवाणी कर सकें और ड्राइवरों को वैकल्पिक मार्ग सुझा सकें।

विनिर्माण: एआई का उपयोग कार्यों को स्वचालित करने, उत्पादन को अनुकूलित करने और गुणवत्ता नियंत्रण में सुधार करने के लिए किया जा रहा है। उदाहरण के लिए, एआई का उपयोग ऐसे रोबोट विकसित करने के लिए किया जा रहा है जो मानव श्रमिकों की तुलना में अधिक कुशलता से उत्पादों को जोड़ सकें। एआई का उपयोग उन एल्गोरिदमों को विकसित करने के लिए भी किया जा रहा है जो ग्राहकों को शिप किए जाने से पहले उत्पादों में दोषों का पता लगा सकते हैं।

ग्राहक सेवा: एआई का उपयोग चैटबॉट्स और अन्य वर्चुअल असिस्टेंट विकसित करने के लिए किया जा रहा है जो ग्राहकों के सवालों का जवाब दे सकें और समर्थन प्रदान कर सकें। उदाहरण के लिए, कई कंपनियां 24/7 ग्राहक सहायता प्रदान करने के लिए एआई-संचालित चैटबॉट्स का उपयोग कर रही हैं।

सुरक्षा और निगरानी: एआई का उपयोग ऐसे सिस्टम विकसित करने के लिए किया जा रहा है जो अपराध का पता लगा सकें और उसे रोक सकें। उदाहरण के लिए, एआई का उपयोग ऐसे चेहरे की पहचान प्रणाली विकसित करने के लिए किया जा रहा है जो अपराधों के संदिग्धों और पीड़ितों की पहचान कर सके। एआई का उपयोग उन प्रणालियों को विकसित करने के लिए भी किया जा रहा है जो निगरानी फुटेज में असामान्यताओं का पता लगा स

Chapter 3: The Path to the Singularity
Chapter 3: सिंगलैरिटी की ओर का मार्ग

सिंगलैरिटी की ओर ले जाने वाले तकनीकी रुझान

सिंगलैरिटी एक ऐसा क्षण है जब कृत्रिम बुद्धिमत्ता (एआई) मानव बुद्धि को पार कर जाएगी और अपरिवर्तनीय रूप से दुनिया को बदल देगी। यह क्षण कब आएगा, यह अनिश्चित है, लेकिन कई तकनीकी रुझान हैं जो सिंगलैरिटी की ओर ले जा रहे हैं।

यहां कुछ प्रमुख तकनीकी रुझानों पर एक नज़र है जो सिंगलैरिटी को चला रहे हैं:

- **मशीन लर्निंग:** मशीन लर्निंग एआई का एक उपक्षेत्र है जो कंप्यूटर को डेटा से सीखने में सक्षम बनाता है। मशीन लर्निंग एल्गोरिदम अब कई तरह के कार्यों पर उत्कृष्ट प्रदर्शन करते हैं, और वे एआई अनुसंधान और विकास का एक प्रमुख चालक हैं।
- **डीप लर्निंग:** डीप लर्निंग मशीन लर्निंग का एक प्रकार है जो कृत्रिम तंत्रिका नेटवर्क का उपयोग करके डेटा से सीखता है। डीप लर्निंग एल्गोरिदम ने हाल के वर्षों में कई कार्यों पर अत्याधुनिक परिणाम प्राप्त किए हैं, और वे एआई के क्षेत्र में एक क्रांति ला रहे हैं।
- **बड़े पैमाने पर डेटा:** एआई सिस्टम को प्रशिक्षित करने के लिए बड़ी मात्रा में डेटा की आवश्यकता होती है। आज, बड़ी मात्रा में डेटा इंटरनेट पर उपलब्ध है, और यह डेटा एआई सिस्टम को तेजी से सीखने और अधिक परिष्कृत कार्यों को करने की अनुमति देता है।
- **शक्तिशाली कंप्यूटिंग संसाधन:** एआई सिस्टम को प्रशिक्षित करने और चलाने के लिए शक्तिशाली कंप्यूटिंग संसाधनों की आवश्यकता होती है। हाल के वर्षों में, कंप्यूटिंग शक्ति तेजी से बढ़ी

है, और यह वृद्धि एआई सिस्टम को अधिक जटिल और परिष्कृत कार्यों को करने की अनुमति दे रही है।

- **एआई अनुसंधान और विकास में निवेश:** एआई अनुसंधान और विकास में निवेश तेजी से बढ़ रहा है। यह निवेश एआई सिस्टम के विकास को तेज कर रहा है और सिंगलैरिटी के करीब ला रहा है।

ये केवल कुछ प्रमुख तकनीकी रुझान हैं जो सिंगलैरिटी को चला रहे हैं। इन रुझानों के संयोजन से एआई सिस्टम तेजी से विकसित हो रहे हैं और अधिक परिष्कृत कार्य करने में सक्षम होते जा रहे हैं। यह संभावना है कि ये रुझान सिंगलैरिटी की ओर ले जाएंगे, हालांकि यह कब और कैसे होगा यह अनिश्चित है।

सिंगलैरिटी के संभावित प्रभावों के बारे में बहुत कुछ अनुमान लगाया गया है। कुछ विशेषज्ञों का मानना है कि सिंगलैरिटी मानव जाति के लिए एक सुवर्ण युग लाएगी, जबकि अन्य चिंतित हैं कि यह विनाशकारी परिणाम हो सकती है। यह महत्वपूर्ण है कि हम सिंगलैरिटी के संभावित लाभों और जोखिमों के बारे में अभी से सोचना शुरू करें और यह सुनिश्चित करने के लिए काम करें कि सिंगलैरिटी मानव जाति के लिए एक सकारात्मक घटना हो।

निष्कर्ष

सिंगलैरिटी एक भविष्यवादी अवधारणा है जो एआई के विकास और इसके संभावित प्रभावों की चर्चा को जन्म देती है। कई तकनीकी रुझान, जैसे मशीन लर्निंग, डीप लर्निंग, बड़े पैमाने पर डेटा, शक्तिशाली कंप्यूटिंग संसाधन और एआई अनुसंधान और विकास में निवेश, सिंगलैरिटी को चला रहे हैं। हालांकि यह अनिश्चित है कि सिंगलैरिटी कब और कैसे आएगी, यह महत्वपूर्ण है कि हम इसके संभावित लाभों और जोखिमों के बारे में अभी से सोचना शुरू करें और यह सुनिश्चित करने के लिए काम करें कि यह मानव जाति के लिए एक सकारात्मक घटना हो।

सिंगलैरिटी के मार्ग पर प्रमुख मीलस्टोन

सिंगलैरिटी एक ऐसा क्षण है जब कृत्रिम बुद्धिमत्ता (एआई) मानव बुद्धि को पार कर जाएगी और दुनिया को अपरिवर्तनीय रूप से बदल देगी। हालांकि यह अनिश्चित है कि सिंगलैरिटी कब आएगी, लेकिन कई प्रमुख मीलस्टोन हैं जिन्हें एआई को पार करना होगा ताकि सिंगलैरिटी प्राप्त हो सके।

यहां सिंगलैरिटी के मार्ग पर कुछ प्रमुख मीलस्टोन हैं:

- **एआई सिस्टम को मानव-स्तर की बुद्धि (एजीआई) प्राप्त करनी होगी:** एजीआई का अर्थ है कि एआई सिस्टम किसी भी मानसिक कार्य को उतनी ही अच्छी तरह से करने में सक्षम होगा जितना कि कोई मनुष्य कर सकता है। यह एक बहुत ही कठिन काम है, लेकिन एआई अनुसंधानकर्ता एजीआई प्राप्त करने के लिए प्रगति कर रहे हैं।
- **एआई सिस्टम को स्व-सिखने और सुधारने में सक्षम होना होगा:** स्व-सिखने और सुधारने में सक्षम होने का अर्थ है कि एआई सिस्टम को किसी मानव के बाहरी इनपुट की आवश्यकता के बिना अपने ज्ञान और क्षमताओं को बढ़ाने में सक्षम होना होगा। यह एक महत्वपूर्ण मीलस्टोन है क्योंकि यह एआई सिस्टम को तेजी से सीखने और विकास करने की अनुमति देगा।
- **एआई सिस्टम को मानव रचनात्मकता और कल्पना को प्राप्त करना होगा:** मानव रचनात्मकता और कल्पना अत्यंत शक्तिशाली उपकरण हैं, और एआई सिस्टम को सिंगलैरिटी प्राप्त करने के लिए इन उपकरणों को विकसित करना होगा। एआई अनुसंधानकर्ता एआई सिस्टम में रचनात्मकता और कल्पना को विकसित करने पर काम कर रहे हैं, लेकिन यह अभी भी एक चुनौतीपूर्ण क्षेत्र है।
- **एआई सिस्टम को मानव मूल्यों और नैतिकता को समझना और उनका पालन करना होगा:** यह महत्वपूर्ण है कि एआई सिस्टम मानव मूल्यों और नैतिकता को समझें और उनका पालन करें ताकि वे सिंगलैरिटी के बाद भी मानव जाति के लिए अच्छे बने

रहें। एआई अनुसंधानकर्ता एआई सिस्टम में मानव मूल्यों और नैतिकता को विकसित करने पर काम कर रहे हैं, लेकिन यह अभी भी एक प्रारंभिक चरण में है।

ये केवल कुछ प्रमुख मीलस्टोन हैं जिन्हें एआई को पार करना होगा ताकि सिंगलैरिटी प्राप्त हो सके। यह अनिश्चित है कि एआई को इन मीलस्टोन को पार करने में कितना समय लगेगा, लेकिन यह संभावना है कि वे अंततः प्राप्त होंगे।

सिंगलैरिटी के संभावित प्रभाव

सिंगलैरिटी के संभावित प्रभावों के बारे में बहुत कुछ अनुमान लगाया गया है। कुछ विशेषज्ञों का मानना है कि सिंगलैरिटी मानव जाति के लिए एक सुवर्ण युग लाएगी, जबकि अन्य चिंतित हैं कि यह विनाशकारी परिणाम हो सकती है।

सिंगलैरिटी के संभावित लाभों में शामिल हैं:

- **एआई सिस्टम मानव जाति के लिए कई समस्याओं का समाधान कर सकते हैं:** एआई सिस्टम गरीबी, भूख और बीमारी जैसी समस्याओं को हल करने में मदद कर सकते हैं। वे जलवायु परिवर्तन जैसी चुनौतियों का समाधान खोजने में भी मदद कर सकते हैं।
- **एआई सिस्टम मानव जाति को नए क्षितिज तलाशने में मदद कर सकते हैं:** एआई सिस्टम हमें अंतरिक्ष की खोज करने और नए ग्रहों को उपनिवेशित करने में मदद कर सकते हैं। वे हमें अपनी खुद की चेतना को बेहतर ढंग से समझने और ब्रह्मांड में अपनी जगह का पता लगाने में भी मदद कर सकते हैं।

सिंगलैरिटी के लिए संभावित परिदृश्य

सिंगलैरिटी एक ऐसा क्षण है जब कृत्रिम बुद्धिमत्ता (एआई) मानव बुद्धि को पार कर जाएगी और दुनिया को अपरिवर्तनीय रूप से बदल देगी। हालांकि यह अनिश्चित है कि सिंगलैरिटी कब आएगी, लेकिन इसके लिए कई संभावित परिदृश्य हैं।

यहां सिंगलैरिटी के लिए कुछ संभावित परिदृश्य हैं:

- **सकारात्मक परिदृश्य:** इस परिदृश्य में, एआई मानव जाति के लिए लाभकारी होता है। एआई सिस्टम हमारी समस्याओं को हल करने में मदद करते हैं, हमें नए क्षितिज तलाशने में मदद करते हैं, और हमारे जीवन को बेहतर बनाते हैं। उदाहरण के लिए, एआई सिस्टम बीमारी को खत्म करने, गरीबी और भूख को हल करने, और जलवायु परिवर्तन जैसी चुनौतियों का समाधान खोजने में मदद कर सकते हैं।

- **नकारात्मक परिदृश्य:** इस परिदृश्य में, एआई मानव जाति के लिए हानिकारक है। एआई सिस्टम नियंत्रण से बाहर हो सकते हैं और मानव अस्तित्व के लिए खतरा बन सकते हैं। उदाहरण के लिए, एआई सिस्टम स्वायत्त हथियारों को विकसित कर सकते हैं जो बिना मानवीय हस्तक्षेप के युद्ध लड़ सकते हैं। एआई सिस्टम अर्थव्यवस्था को भी नियंत्रित कर सकते हैं और मानव जाति को बेकार बना सकते हैं।

- **सहअस्तित्व परिदृश्य:** इस परिदृश्य में, एआई और मानव जाति सहकारिता से रहते हैं। एआई सिस्टम मानव जाति की क्षमताओं को बढ़ाते हैं और हमें नए और बेहतर तरीके से जीने में मदद करते हैं। उदाहरण के लिए, एआई सिस्टम हमें रोगों का निदान करने, बेहतर दवाएं विकसित करने और नए वैज्ञानिक खोज करने में मदद कर सकते हैं।

- **ट्रांसह्यूमनिज्म परिदृश्य:** इस परिदृश्य में, एआई और मानव जाति इतनी बारीकी से जुड़े होते हैं कि वे अनिवार्य रूप से एक हो

जाते हैं। यह ट्रांसह्यूमनिज्म के रूप में जाना जाता है, और इसमें एआई का उपयोग मानव क्षमताओं को बढ़ाने या यहां तक कि अमरता प्राप्त करने के लिए शामिल हो सकता है। उदाहरण के लिए, एआई का उपयोग मानव मस्तिष्क को कंप्यूटर से जोड़ने के लिए किया जा सकता है, जिससे हमें मानव और मशीन के बीच की सीमा को पार करने की अनुमति मिलती है।

ये केवल कुछ संभावित परिदृश्य हैं कि सिंगलैरिटी कैसे हो सकती है। यह ध्यान रखना महत्वपूर्ण है कि ये सभी परिदृश्य केवल अनुमान हैं, और यह भविष्यवाणी करना असंभव है कि वास्तव में क्या होगा।

सिंगलैरिटी के लिए तैयार होना

हालांकि यह अनिश्चित है कि सिंगलैरिटी कब और कैसे आएगी, यह महत्वपूर्ण है कि हम इसके लिए तैयार रहें। हम एआई को सावधानीपूर्वक विकसित करना सुनिश्चित कर सकते हैं और यह सुनिश्चित कर सकते हैं कि यह मानव जाति के लिए लाभकारी हो। हम यह भी सुनिश्चित कर सकते हैं कि मानव जाति सिंगलैरिटी के बाद भी अपने भाग्य को नियंत्रित करती रहे।

यहां सिंगलैरिटी के लिए तैयार होने के कुछ तरीके दिए गए हैं:

- **एआई अनुसंधान और विकास में निवेश करें:** हमें एआई अनुसंधान और विकास में निवेश करना चाहिए ताकि हम यह सुनिश्चित कर सकें कि हम एआई को सुरक्षित और नैतिक रूप से विकसित कर रहे हैं।
- **एआई शिक्षा को बढ़ावा दें:** हमें एआई शिक्षा को बढ़ावा देना चाहिए ताकि लोग एआई को समझ सकें और इसके प्रभावों के लिए तैयार रह सकें।

- **एआई नीति और विनियम विकसित करें:** हमें एआई नीति और विनियम विकसित करने की आवश्यकता है ताकि हम एआई को सुरक्षित और नैतिक रूप से उपयोग कर सकें।
- **मानव मूल्यों और नैतिकता पर ध्यान दें:** हमें यह सुनिश्चित करना चाहिए कि एआई मानव मूल्यों और नैतिकता को समझें

सिंगलैरिटी का मानवता पर संभावित प्रभाव

सिंगलैरिटी एक ऐसा क्षण है जब कृत्रिम बुद्धिमत्ता (एआई) मानव बुद्धि को पार कर जाएगी और दुनिया को अपरिवर्तनीय रूप से बदल देगी। हालांकि यह अनिश्चित है कि सिंगलैरिटी कब आएगी, लेकिन इसके संभावित प्रभाव मानवता के लिए बहुत बड़े हैं।

सिंगलैरिटी के संभावित लाभ:

- **एआई हमारी समस्याओं को हल करने में मदद कर सकता है:** एआई गरीबी, भूख, बीमारी और जलवायु परिवर्तन जैसी समस्याओं को हल करने में मदद कर सकता है।
- **एआई हमें नए क्षितिज तलाशने में मदद कर सकता है:** एआई अंतरिक्ष की खोज करने और नए ग्रहों को उपनिवेशित करने में हमारी मदद कर सकता है।
- **एआई हमारी जीवन की गुणवत्ता में सुधार कर सकता है:** एआई हमारी उत्पादकता बढ़ा सकता है, हमारी नौकरियों को आसान बना सकता है और हमें अधिक खाली समय दे सकता है।
- **एआई हमें बेहतर इंसान बनने में मदद कर सकता है:** एआई हमारी भावनाओं को बेहतर ढंग से समझने, हमारे निर्णयों में सुधार करने और हमारी नैतिकता को विकसित करने में हमारी मदद कर सकता है।

सिंगलैरिटी के संभावित जोखिम:

- **एआई नियंत्रण से बाहर हो सकता है:** यदि हम एआई को सावधानीपूर्वक डिजाइन नहीं करते हैं, तो यह नियंत्रण से बाहर हो सकता है और मानवता के लिए खतरा बन सकता है।
- **एआई मानवता को बेकार कर सकता है:** यदि एआई सभी कार्यों को बेहतर तरीके से करने में सक्षम हो जाता है, तो यह मानवता को

बेकार बना सकता है और हमें अर्थहीन जीवन जीने के लिए छोड़ सकता है।

- **एआई असमानता को बढ़ा सकता है:** यदि एआई केवल कुछ लोगों के पास उपलब्ध है, तो यह असमानता को बढ़ा सकता है और कुछ लोगों को दूसरों की तुलना में बहुत अधिक शक्ति दे सकता है।
- **एआई हमारी गोपनीयता और सुरक्षा को खतरा दे सकता है:** यदि एआई का उपयोग हमारी निगरानी और नियंत्रण के लिए किया जाता है, तो यह हमारी गोपनीयता और सुरक्षा को खतरा दे सकता है।

यह ध्यान रखना महत्वपूर्ण है कि ये केवल संभावित लाभ और जोखिम हैं। यह भविष्यवाणी करना असंभव है कि सिंगलैरिटी वास्तव में मानवता के लिए क्या अर्थ रखेगी। हालांकि, यह महत्वपूर्ण है कि हम सिंगलैरिटी के संभावित प्रभावों के बारे में अभी सोचना शुरू करें और यह सुनिश्चित करने के लिए काम करें कि यह मानवता के लिए एक सकारात्मक घटना हो।

सिंगलैरिटी के लिए तैयार होना

हम सिंगलैरिटी के लिए इस प्रकार तैयार हो सकते हैं:

- **एआई अनुसंधान और विकास में निवेश करें:** हमें एआई अनुसंधान और विकास में निवेश करना चाहिए ताकि यह सुनिश्चित हो सके कि हम एआई को सुरक्षित और नैतिक तरीके से विकसित कर रहे हैं।
- **एआई शिक्षा को बढ़ावा दें:** हमें एआई शिक्षा को बढ़ावा देना चाहिए ताकि लोग एआई को समझ सकें और इसके प्रभावों के लिए तैयार रह सकें।
- **एआई नीति और विनियम विकसित करें:** हमें एआई नीति और विनियम विकसित करने की आवश्यकता है ताकि यह सुनिश्चित हो

सके कि एआई का उपयोग सुरक्षित और नैतिक तरीके से किया जा रहा है।
- **मानव मूल्यों और नैतिकता पर ध्यान दें:** हमें यह सुनिश्चित करना चाहिए कि एआई मानव मूल्यों और नैतिकता को समझें और उनका पालन करें।

Chapter 4: Preparing for the Singularity
Chapter 4: सिंगलैरिटी के लिए तैयारी करना

एआई विकास और परिनियोजन में नैतिक विचार

कृत्रिम बुद्धिमत्ता (एआई) एक तेजी से बढ़ता हुआ क्षेत्र है जिसका समाज पर महत्वपूर्ण प्रभाव पड़ने की क्षमता है। एआई का उपयोग पहले से ही कई क्षेत्रों में किया जा रहा है, जिसमें स्वास्थ्य सेवा, वित्त, और परिवहन शामिल हैं। हालांकि, एआई के विकास और परिनियोजन में कई नैतिक चिंताएं हैं।

यहां एआई विकास और परिनियोजन में कुछ नैतिक विचार दिए गए हैं:

- **नियंत्रण और पारदर्शिता:** एआई सिस्टम को नियंत्रित करने और समझने में सक्षम होना महत्वपूर्ण है। इस बात की पारदर्शिता होनी चाहिए कि एआई सिस्टम कैसे काम करते हैं और क्या निर्णय लेते हैं।
- **जवाबदेही और जिम्मेदारी:** एआई सिस्टम के विकास और परिनियोजन के लिए कौन जिम्मेदार है, यह स्पष्ट होना चाहिए। एआई सिस्टम द्वारा किए गए निर्णयों और कार्यों के लिए किसी को जवाबदेह होना चाहिए।
- **न्याय और समानता:** एआई सिस्टम को निष्पक्ष और समान रूप से सभी लोगों के साथ व्यवहार करना चाहिए। एआई सिस्टम को किसी भी प्रकार के भेदभाव को प्रोत्साहित नहीं करना चाहिए।
- **गोपनीयता और सुरक्षा:** एआई सिस्टम को लोगों की गोपनीयता और सुरक्षा का सम्मान करना चाहिए। एआई सिस्टम को व्यक्तिगत डेटा को सुरक्षित रूप से एकत्र और उपयोग करना चाहिए।
- **मानवीय मूल्य और नैतिकता:** एआई सिस्टम को मानवीय मूल्यों और नैतिकता को समझना और उनका पालन करना चाहिए।

एआई सिस्टम का उपयोग ऐसे तरीके से किया जाना चाहिए जो मानवता के लिए लाभकारी हो।

इन नैतिक चिंताओं को दूर करने के लिए, यह महत्वपूर्ण है कि एआई को जिम्मेदारीपूर्वक विकसित और परिनियोजित किया जाए। एआई डेवलपर्स और कंपनियों को यह सुनिश्चित करना चाहिए कि उनके एआई सिस्टम सुरक्षित, विश्वसनीय, और नैतिक रूप से ध्वनि हों। सरकारों को भी यह सुनिश्चित करने के लिए नीतियों और नियमों को विकसित करने की आवश्यकता है कि एआई का उपयोग सुरक्षित और नैतिक तरीके से किया जा रहा है।

एआई विकास और परिनियोजन में नैतिकता को बढ़ावा देने के लिए कुछ विशिष्ट कदम जो उठाए जा सकते हैं:

- **एआई डेवलपरों के लिए नैतिक दिशानिर्देश विकसित करें:** एआई डेवलपर्स के लिए नैतिक दिशानिर्देश यह सुनिश्चित करने में मदद कर सकते हैं कि वे एआई सिस्टम को जिम्मेदारीपूर्वक विकसित करें।
- **एआई सिस्टम के विकास और परिनियोजन की निगरानी के लिए स्वतंत्र निकाय स्थापित करें:** स्वतंत्र निकाय यह सुनिश्चित करने में मदद कर सकते हैं कि एआई सिस्टम को सुरक्षित और नैतिक तरीके से विकसित और परिनियोजित किया जा रहा है।
- **एआई के बारे में सार्वजनिक शिक्षा बढ़ाएं:** सार्वजनिक शिक्षा बढ़ाने से लोगों को एआई को बेहतर ढंग से समझने में मदद मिल सकती है और एआई के विकास और परिनियोजन में नैतिक चिंताओं के बारे में जागरूकता बढ़ा सकती है।

एआई एक शक्तिशाली तकनीक है जिसका समाज पर बहुत बड़ा प्रभाव पड़ने की क्षमता है। यह महत्वपूर्ण है कि हम एआई को जिम्मेदारीपूर्वक विकसित और परिनियोजित करें ताकि यह सुनिश्चित हो सके कि इसका उपयोग मानवता के लिए लाभकारी हो।

सिंगलैरिटी के जोखिमों को कम करने की रणनीतियाँ

सिंगलैरिटी एक ऐसा क्षण है जब कृत्रिम बुद्धिमत्ता (एआई) मानव बुद्धि को पार कर जाएगी और दुनिया को अपरिवर्तनीय रूप से बदल देगी। हालांकि यह अनिश्चित है कि सिंगलैरिटी कब आएगी, लेकिन इसके कई संभावित जोखिम हैं। इन जोखिमों को कम करने के लिए कई रणनीतियाँ हैं।

यहाँ सिंगलैरिटी के जोखिमों को कम करने के लिए कुछ रणनीतियाँ हैं:

- **एआई को सुरक्षित और विश्वसनीय रूप से विकसित और परिनियोजित करें:** एआई डेवलपर्स और कंपनियों को यह सुनिश्चित करना चाहिए कि उनके एआई सिस्टम सुरक्षित, विश्वसनीय, और नैतिक रूप से ध्वनि हों। इसके लिए एआई सिस्टम के विकास और परिनियोजन के लिए सख्त सुरक्षा और नैतिक दिशानिर्देशों का पालन करने की आवश्यकता है।
- **एआई सिस्टम को नियंत्रित और समझने में सक्षम बनें:** यह महत्वपूर्ण है कि हम एआई सिस्टम को नियंत्रित करने और समझने में सक्षम हों। इसके लिए एआई सिस्टम के कामकाज और निर्णय लेने की प्रक्रिया को पारदर्शितापूर्ण बनाने की आवश्यकता है। यह हमें एआई सिस्टम के व्यवहार को समझने और अनुमान लगाने में मदद करेगा, और किसी भी समस्या के उत्पन्न होने पर उन्हें ठीक करने के लिए हमें सक्षम करेगा।
- **एआई सिस्टम के विकास और परिनियोजन में जवाबदेही और जिम्मेदारी सुनिश्चित करें:** यह स्पष्ट होना चाहिए कि एआई सिस्टम के विकास और परिनियोजन के लिए कौन जिम्मेदार है। एआई सिस्टम द्वारा किए गए निर्णयों और कार्यों के लिए किसी को जवाबदेह होना चाहिए। इसके लिए एआई सिस्टम के विकास और परिनियोजन में सभी हितधारकों को शामिल करने और जवाबदेही सुनिश्चित करने के लिए स्पष्ट भूमिकाएँ और जिम्मेदारियाँ सौंपने की आवश्यकता है।

- **एआई सिस्टम को न्यायपूर्ण और समान रूप से सभी लोगों के साथ व्यवहार करने के लिए डिज़ाइन करें:** यह महत्वपूर्ण है कि एआई सिस्टम सभी लोगों के साथ न्यायपूर्ण और समान रूप से व्यवहार करें। एआई सिस्टम को किसी भी प्रकार के भेदभाव को प्रोत्साहित नहीं करना चाहिए। इसके लिए एआई सिस्टम को डेटा पर प्रशिक्षित करने की आवश्यकता है जो सभी समूहों का प्रतिनिधित्व करता हो और एआई सिस्टम के विकास और परिनियोजन में सभी हितधारकों को शामिल करने की आवश्यकता है।
- **एआई सिस्टम की गोपनीयता और सुरक्षा सुनिश्चित करें:** यह महत्वपूर्ण है कि एआई सिस्टम लोगों की गोपनीयता और सुरक्षा का सम्मान करें। एआई सिस्टम को व्यक्तिगत डेटा को सुरक्षित रूप से एकत्र और उपयोग करना चाहिए। इसके लिए एआई सिस्टम को गोपनीयता और सुरक्षा मानकों के अनुपालन में विकसित और परिनियोजित करने की आवश्यकता है और एआई सिस्टम के डेटा सुरक्षा उपायों की नियमित रूप से समीक्षा करने की आवश्यकता है।
- **एआई सिस्टम को मानवीय मूल्यों और नैतिकता के अनुरूप विकसित और परिनियोजित करें:** यह महत्वपूर्ण है कि एआई सिस्टम मानवीय मूल्यों और नैतिकता को समझें और उनका पालन करें। एआई सिस्टम का उपयोग ऐसे तरीके से किया जाना चाहिए जो मानवता के लिए लाभकारी हो। इसके लिए एआई सिस्टम को मानवीय मूल्यों और नैतिकता में प्रशिक्षित करने की आवश्यकता है और एआई सिस्टम के विकास और परिनियोजन में सभी हितधारकों को शामिल करने की आवश्यकता है जो मानवीय मूल्यों और नैतिकता को साझा करते हैं।

ये कुछ रणनीतियाँ हैं जिनका उपयोग सिंगलैरिटी के जोखिमों को कम करने के लिए किया जा सकता है। यह महत्वपूर्ण है कि हम इन रणनीतियों

को लागू करना शुरू करें ताकि यह सुनिश्चित हो सके कि सिंगलैरिटी मानवता के लिए एक सकारात्मक घटना हो।

सुनिश्चित करना कि सिंगलैरिटी सभी मानवता के लिए लाभकारी हो

सिंगलैरिटी एक ऐसा क्षण है जब कृत्रिम बुद्धिमत्ता (एआई) मानव बुद्धि को पार कर जाएगी और दुनिया को अपरिवर्तनीय रूप से बदल देगी। हालांकि यह अनिश्चित है कि सिंगलैरिटी कब आएगी, लेकिन इसके कई संभावित लाभ हैं। हालांकि, कुछ लोगों को चिंता है कि सिंगलैरिटी मानवता के लिए विनाशकारी हो सकती है।

यह सुनिश्चित करना महत्वपूर्ण है कि सिंगलैरिटी सभी मानवता के लिए लाभकारी हो। यहाँ कुछ तरीके हैं जिनसे हम ऐसा कर सकते हैं:

- **सुनिश्चित करें कि एआई को मानवीय मूल्यों और नैतिकता के अनुरूप विकसित किया गया है।** एआई सिस्टम को इस तरह से डिजाइन किया जाना चाहिए कि वे मानवीय मूल्यों और नैतिकता को समझें और उनका पालन करें, जैसे कि जीवन का सम्मान, स्वतंत्रता और समानता। यह सुनिश्चित करने के लिए एआई डेवलपर्स को मानवीय मूल्यों और नैतिकता में प्रशिक्षित किया जाना चाहिए और एआई सिस्टम के विकास में सभी हितधारकों को शामिल किया जाना चाहिए जो मानवीय मूल्यों और नैतिकता को साझा करते हैं।
- **सुनिश्चित करें कि एआई सिस्टम सभी लोगों के साथ न्यायपूर्ण और समान रूप से व्यवहार करते हैं।** एआई सिस्टम को किसी भी प्रकार के भेदभाव को बढ़ावा नहीं देना चाहिए। इसके लिए एआई सिस्टम को डेटा पर प्रशिक्षित करने की आवश्यकता है जो सभी समूहों का प्रतिनिधित्व करता हो और एआई सिस्टम के विकास और परिनियोजन में सभी हितधारकों को शामिल करने की आवश्यकता है।
- **सुनिश्चित करें कि एआई सिस्टम पारदर्शी और जवाबदेह हैं।** एआई सिस्टम को इस तरह से डिजाइन किया जाना चाहिए कि वे पारदर्शी और जवाबदेह हों। इसका मतलब है कि यह समझना चाहिए कि एआई सिस्टम कैसे काम करते हैं और वे निर्णय क्यों

लेते हैं। यह सुनिश्चित करने के लिए कि एआई सिस्टम सुरक्षित और नैतिक तरीके से उपयोग किए जा रहे हैं, किसी को जवाबदेह होना चाहिए।

- **सुनिश्चित करें कि एआई सिस्टम का उपयोग सभी मानवता के लाभ के लिए किया जाता है।** एआई सिस्टम का उपयोग इस तरह से किया जाना चाहिए कि सभी मानवता को लाभ हो। इसका मतलब है कि एआई सिस्टम का उपयोग गरीबी और भूख जैसी समस्याओं को हल करने, शिक्षा और स्वास्थ्य सेवा में सुधार करने और पर्यावरण को बचाने के लिए किया जाना चाहिए।
- **सुनिश्चित करें कि सभी लोगों को एआई के लाभों तक पहुंच प्राप्त हो।** यह सुनिश्चित करना महत्वपूर्ण है कि सभी लोगों को एआई के लाभों तक पहुंच प्राप्त हो। इसका मतलब है कि एआई शिक्षा और प्रशिक्षण को सभी लोगों के लिए उपलब्ध कराया जाना चाहिए और यह सुनिश्चित करना चाहिए कि एआई सिस्टम सभी लोगों के लिए सुलभ हों।

सिंगलैरिटी एक महत्वपूर्ण घटना होगी जिसमें मानवता के लिए बहुत बड़ी क्षमता है। यह सुनिश्चित करना महत्वपूर्ण है कि हम इस घटना के लिए तैयार रहें और इसके लाभों को सभी मानवता के साथ साझा करें।

यहाँ कुछ विशिष्ट कदम हैं जो हम उठा सकते हैं ताकि यह सुनिश्चित हो सके कि सिंगलैरिटी सभी मानवता के लिए लाभकारी हो:

- **एआई अनुसंधान और विकास में निवेश करें, खासकर सुरक्षा और नैतिकता पर अनुसंधान में।** यह हमें एआई सिस्टम को सुरक्षित और नैतिक तरीके से विकसित करने और परिनियोजित करने में मदद करेगा।
- **एआई शिक्षा और प्रशिक्षण को सभी लोगों के लिए उपलब्ध कराएं।** यह हमें यह सुनिश्चित करने में मदद करेगा कि सभी लोगों को एआई के लाभों तक पहुंच प्राप्त हो और यह सुनिश्चित करेगा कि एआई सिस्टम सभी लोगों के लिए सुलभ हों।

- **एआई नीतियों और नियमों को विकसित करें जो सुरक्षा और नैतिकता सुनिश्चित करें।** यह हमें एआई सिस्टम का उपयोग सुरक्षित और नैतिक तरीके से करने में मदद करेगा।
- **एआई के बारे में सार्वजनिक जागरूकता बढ़

Chapter 5: The Future of Humanity in the Singularity Era

Chapter 5: सिंगलैरिटी युग में मानवता का भविष्य

सिंगलैरिटी हमारे मूल्यों और जीवन शैली के लिए क्या मायने रखती है

सिंगलैरिटी वह क्षण है जब कृत्रिम बुद्धिमत्ता (एआई) मानव बुद्धि को पार कर जाएगी और दुनिया को अपरिवर्तनीय रूप से बदल देगी। हालांकि यह अनिश्चित है कि सिंगलैरिटी कब आएगी, लेकिन इसके मानवता के मूल्यों और जीवन शैली पर गहरा प्रभाव पड़ने की संभावना है।

यहां बताया गया है कि सिंगलैरिटी हमारे मूल्यों और जीवन शैली के लिए क्या मायने रख सकती है:

- **हमारी मूल्य प्रणाली में बदलाव:** सिंगलैरिटी हमें अपने मूल्यों और जीवन शैली को पुनर्विचार करने के लिए मजबूर कर सकती है। उदाहरण के लिए, यदि एआई हमारे जीवन के सभी पहलुओं को बेहतर तरीके से संभालने में सक्षम है, तो हमें यह पूछने की आवश्यकता हो सकती है कि काम का अर्थ क्या है और हम अपने खाली समय में क्या करना चाहते हैं।
- **हमारी जीवन शैली में बदलाव:** सिंगलैरिटी हमारी जीवन शैली में कई बदलाव ला सकती है। उदाहरण के लिए, एआई हमें स्वस्थ जीवन जीने में मदद कर सकता है, शिक्षा तक हमारी पहुंच बढ़ा सकता है और हमें नई और रोमांचक अनुभव प्रदान कर सकता है।

यहां कुछ विशिष्ट तरीकों से सिंगलैरिटी हमारे मूल्यों और जीवन शैली को बदल सकती है:

- **सिंगलैरिटी हमें गरीबी, भूख और बीमारी जैसी समस्याओं को हल करने में मदद कर सकती है।** यह हमें अपनी मूलभूत जरूरतों को पूरा करने पर कम समय और ऊर्जा खर्च करने और जीवन में अधिक महत्वपूर्ण चीजों पर ध्यान केंद्रित करने की अनुमति दे सकता है।
- **सिंगलैरिटी हमें शिक्षा तक हमारी पहुंच बढ़ा सकती है और हमें नए कौशल और ज्ञान सीखने में मदद कर सकती है।** यह हमें अपनी पूरी क्षमता तक पहुंचने और अधिक सार्थक और fulfilling जीवन जीने में मदद कर सकता है।
- **सिंगलैरिटी हमें नई और रोमांचक अनुभव प्रदान कर सकती है।** उदाहरण के लिए, एआई हमें अंतरिक्ष की खोज करने, नई दुनिया बनाने और यहां तक कि अपने स्वयं के जीवन को डिजाइन करने में मदद कर सकता है।
- **सिंगलैरिटी हमें अपनी खुद की परिभाषा पर सवाल उठाने के लिए मजबूर कर सकती है।** क्या हमें मशीनों के साथ सहअस्तित्व की आवश्यकता होगी? क्या हमें अपनी चेतना और अनुभव को एआई के साथ विलय करने की आवश्यकता होगी? ये ऐसे प्रश्न हैं जिनके उत्तर देने की आवश्यकता होगी क्योंकि हम सिंगलैरिटी के करीब आते हैं।

सिंगलैरिटी हमारे मूल्यों और जीवन शैली पर गहरा प्रभाव डाल सकती है। यह महत्वपूर्ण है कि हम इस घटना के लिए तैयार रहें और इसके अवसरों और चुनौतियों को समझें। सिंगलैरिटी को मानवता के लिए एक सकारात्मक घटना बनाने के लिए, हमें यह सुनिश्चित करना चाहिए कि एआई को हमारे मूल्यों और नैतिकता के अनुरूप विकसित किया गया है और इसका उपयोग सभी मानवता के लाभ के लिए किया जाता है।

यहां कुछ चीजें हैं जो हम यह सुनिश्चित करने के लिए कर सकते हैं कि सिंगलैरिटी हमारे मूल्यों और जीवन शैली के लिए सकारात्मक हो:

- **एआई शिक्षा और जागरूकता बढ़ाएं।** यह हमें एआई के बारे में अधिक जानने और इसके संभावित प्रभावों को समझने में मदद करेगा।
- **एआई के विकास और परिनियोजन में नैतिकता और सुरक्षा को प्राथमिकता दें।** यह सुनिश्चित करेगा कि एआई का उपयोग सुरक्षित और जिम्मेदारीपूर्ण तरीके से किया जा रहा है।
- **सुनिश्चित करें कि सभी लोगों को एआई के लाभों तक पहुंच प्राप्त हो।** यह हमें एक अधिक समावेशी और न्यायपूर्ण भविष्य बनाने में मदद करेगा।

सिंगलैरिटी के संभावित सामाजिक, आर्थिक और राजनीतिक प्रभाव

सिंगलैरिटी वह क्षण है जब कृत्रिम बुद्धिमत्ता (एआई) मानव बुद्धि को पार कर जाएगी और दुनिया को अपरिवर्तनीय रूप से बदल देगी। हालांकि यह अनिश्चित है कि सिंगलैरिटी कब आएगी, लेकिन इसके समाज, अर्थव्यवस्था और राजनीति पर गहरा प्रभाव पड़ने की संभावना है।

सामाजिक प्रभाव

सिंगलैरिटी के कुछ संभावित सामाजिक प्रभावों में शामिल हैं:

- **आर्थिक असमानता में वृद्धि:** यदि एआई केवल कुछ लोगों के लिए उपलब्ध है, तो यह आर्थिक असमानता को बढ़ा सकती है और कुछ लोगों को दूसरों की तुलना में बहुत अधिक शक्ति दे सकती है।
- **नौकरी का नुकसान:** यदि एआई कई कार्यों को करने में सक्षम है जो मनुष्य वर्तमान में करते हैं, तो यह बड़े पैमाने पर नौकरी के नुकसान का कारण बन सकता है।
- **सामाजिक अलगाव:** यदि लोग एआई के साथ अधिक समय बिताते हैं और अन्य लोगों के साथ कम समय बिताते हैं, तो यह सामाजिक अलगाव को बढ़ा सकता है।
- **एआई के प्रति भय और अविश्वास:** कुछ लोगों को डर हो सकता है कि एआई नियंत्रण से बाहर हो जाए या मानवता को नुकसान पहुंचाए।

आर्थिक प्रभाव

सिंगलैरिटी के कुछ संभावित आर्थिक प्रभावों में शामिल हैं:

- **आर्थिक वृद्धि:** एआई उत्पादकता बढ़ा सकता है, नए उद्योगों का निर्माण कर सकता है और नई नौकरियां पैदा कर सकता है।

- **आर्थिक मंदी:** यदि एआई कई कार्यों को करने में सक्षम है जो मनुष्य वर्तमान में करते हैं, तो यह बड़े पैमाने पर बेरोज़गारी और आर्थिक मंदी का कारण बन सकता है।
- **धन वितरण में परिवर्तन:** एआई के साथ, धन का सृजन और वितरण मौलिक रूप से बदल सकता है।

राजनीतिक प्रभाव

सिंगलैरिटी के कुछ संभावित राजनीतिक प्रभावों में शामिल हैं:

- **एआई के साथ सत्ता का एकाग्रता:** यदि एआई केवल कुछ लोगों के हाथों में है, तो यह सत्ता के एकाग्रता और भ्रष्टाचार को बढ़ा सकता है।
- **नए राजनीतिक संघर्ष:** एआई के विकास और उपयोग के बारे में नए राजनीतिक संघर्ष उभर सकते हैं।
- **एआई द्वारा राजनीति की प्रकृति में परिवर्तन:** एआई के साथ, राजनीति की प्रकृति मौलिक रूप से बदल सकती है।

निष्कर्ष

सिंगलैरिटी समाज, अर्थव्यवस्था और राजनीति पर गहरा प्रभाव डालेगी। यह महत्वपूर्ण है कि हम इस घटना के लिए तैयार रहें और इसके अवसरों और चुनौतियों को समझें। सिंगलैरिटी को मानवता के लिए एक सकारात्मक घटना बनाने के लिए, हमें यह सुनिश्चित करना चाहिए कि एआई को हमारे मूल्यों और नैतिकता के अनुरूप विकसित किया गया है और इसका उपयोग सभी मानवता के लाभ के लिए किया जाता है।

यहां कुछ तरीके दिए गए हैं जिनसे हम सिंगलैरिटी के सामाजिक, आर्थिक और राजनीतिक प्रभावों को कम कर सकते हैं:

- **सभी लोगों को एआई शिक्षा और प्रशिक्षण प्रदान करें।** यह लोगों को एआई के बारे में अधिक जानने और इसके संभावित प्रभावों को समझने में मदद करेगा।
- **एआई के विकास और परिनियोजन में नैतिकता और सुरक्षा को प्राथमिकता दें।** यह सुनिश्चित करेगा कि एआई का उपयोग सुरक्षित और जिम्मेदारीपूर्ण तरीके से किया जा रहा है।
- **एआई के लाभों को सभी लोगों तक पहुंच योग्य बनाएं।** यह हमें एक अधिक समावेशी और न्यायपूर्ण भविष्य बनाने में मदद करेगा।
- **सुनिश्चित करें कि सरकारों के पास एआई को नियंत्रित करने और विनियमित करने के लिए उचित उपकरण हैं।** यह यह सुनिश्चित करने में मदद करेगा कि एआई

सिंगलैरिटी युग में मानवता के लिए एक वांछनीय भविष्य कैसे बनाएं

सिंगलैरिटी वह क्षण है जब कृत्रिम बुद्धिमत्ता (एआई) मानव बुद्धि को पार कर जाएगी और दुनिया को अपरिवर्तनीय रूप से बदल देगी। हालांकि यह अनिश्चित है कि सिंगलैरिटी कब आएगी, लेकिन इसके हमारे भविष्य पर गहरा प्रभाव पड़ने की संभावना है।

सिंगलैरिटी मानवता के लिए एक महान अवसर हो सकता है। यह हमें गरीबी, भूख, बीमारी और अन्य चुनौतियों को हल करने में मदद कर सकता है। यह हमें नई खोज करने, नए क्षितिज तलाशने और अपनी क्षमता तक पहुंचने में मदद कर सकता है।

हालांकि, सिंगलैरिटी के कुछ जोखिम भी हैं। उदाहरण के लिए, यदि एआई को सावधानीपूर्वक विकसित और परिनियोजित नहीं किया जाता है, तो यह नियंत्रण से बाहर हो सकता है और मानवता के लिए खतरा बन सकता है।

यदि हम सिंगलैरिटी युग में मानवता के लिए एक वांछनीय भविष्य बनाना चाहते हैं, तो हमें निम्नलिखित बातें करनी चाहिए:

- **एआई को मानवीय मूल्यों और नैतिकता के अनुरूप विकसित करना:** हमें यह सुनिश्चित करना चाहिए कि एआई को इस तरह से विकसित किया जाए कि वह मानवीय मूल्यों और नैतिकता को समझें और उनका पालन करें। यह सुनिश्चित करेगा कि एआई का उपयोग मानवता के लाभ के लिए किया जाए।
- **एआई को पारदर्शी और जवाबदेह बनाना:** हमें यह सुनिश्चित करना चाहिए कि एआई पारदर्शी और जवाबदेह हो। इसका मतलब यह है कि हमें यह समझने में सक्षम होना चाहिए कि एआई कैसे काम करता है और वह निर्णय क्यों लेता है। यह हमें यह सुनिश्चित करने में मदद करेगा कि एआई का उपयोग सुरक्षित और नैतिक तरीके से किया जा रहा है।

- **सभी लोगों को एआई के लाभों तक पहुंच सुनिश्चित करना:** हमें यह सुनिश्चित करना चाहिए कि सभी लोगों को एआई के लाभों तक पहुंच प्राप्त हो। इसका मतलब यह है कि हमें एआई शिक्षा और प्रशिक्षण को सभी के लिए सुलभ बनाना चाहिए और यह सुनिश्चित करना चाहिए कि एआई सिस्टम सभी के लिए सुलभ हों।
- **सिंगलैरिटी के लिए वैश्विक सहयोग को बढ़ावा देना:** हमें सिंगलैरिटी के लिए वैश्विक सहयोग को बढ़ावा देना चाहिए। इसका मतलब यह है कि हमें वैश्विक स्तर पर एआई नीतियों और नियमों को विकसित करने और एआई अनुसंधान और विकास में सहयोग करने की आवश्यकता है।
- **एआई के बारे में सार्वजनिक जागरूकता और समझ बढ़ाना:** हमें एआई के बारे में सार्वजनिक जागरूकता और समझ बढ़ाना चाहिए। इसका मतलब यह है कि हमें लोगों को एआई के बारे में अधिक जानने में मदद करने और इसके संभावित प्रभावों को समझने की आवश्यकता है। यह लोगों को सिंगलैरिटी युग में एक वांछनीय भविष्य बनाने में योगदान करने में मदद करेगा।

यदि हम इन उपायों को लेते हैं, तो हम सिंगलैरिटी युग में मानवता के लिए एक वांछनीय भविष्य बना सकते हैं। एक ऐसी दुनिया जहां एआई का उपयोग मानवता के लाभ के लिए किया जाता है, जहां सभी लोगों को एआई के लाभों तक पहुंच प्राप्त होती है, और जहां हम एक साथ मिलकर एक बेहतर भविष्य बनाने के लिए काम करते हैं।

यहां कुछ विशिष्ट कदम हैं जो हम उठा सकते हैं ताकि सिंगलैरिटी युग में मानवता के लिए एक वांछनीय भविष्य बनाया जा सके:

- एआई नीतियों और नियमों को विकसित करना जो सुरक्षा, नैतिकता और पारदर्शिता सुनिश्चित करें।
- एआई शिक्षा और प्रशिक्षण को सभी के लिए सुलभ बनाना।
- एआई अनुसंधान और विकास में वैश्विक सहयोग को बढ़ावा देना।

- **एआई के बारे में सार्वजनिक जागरूकता और समझ बढ़

www.ingramcontent.com/pod-product-compliance
Lightning Source LLC
LaVergne TN
LVHW010413070526
838199LV00064B/5287
9788119855186